U0667900

# 极简农村路建设与实例

李 威◎著

中国书籍出版社
China Book Press

图书在版编目（CIP）数据

极简农村路建设与实例 / 李威著 . -- 北京 : 中国

书籍出版社 , 2024.5

ISBN 978-7-5068-9869-0

Ⅰ . ①极… Ⅱ . ①李… Ⅲ . ①农村道路—道路工程—

建设—中国 Ⅳ . ① U412.1

中国国家版本馆 CIP 数据核字 (2024) 第 093272 号

**极简农村路建设与实例**

李 威 著

| | |
|---|---|
| **图书策划** | 成晓春 |
| **责任编辑** | 吴化强 |
| **封面设计** | 博健文化 |
| **责任印制** | 孙马飞　马 芝 |
| **出版发行** | 中国书籍出版社 |
| **地　　址** | 北京市丰台区三路居路 97 号（邮编：100073） |
| **电　　话** | （010）52257143（总编室） （010）52257140（发行部） |
| **电子邮箱** | eo@chinabp.com.cn |
| **经　　销** | 全国新华书店 |
| **印　　刷** | 天津和萱印刷有限公司 |
| **开　　本** | 787 毫米 × 1092 毫米　1/32 |
| **字　　数** | 110 千字 |
| **印　　张** | 8.5 |
| **版　　次** | 2024 年 5 月第 1 版 |
| **印　　次** | 2024 年 5 月第 1 次印刷 |
| **书　　号** | ISBN 978-7-5068-9869-0 |
| **定　　价** | 82.00 元 |

版权所有　翻印必究

# 作者简介

　　李威，浙江省台州市交通运输局职工，一直专研探索美丽乡村路建设技术，曾参与编写《美丽农村公路建设指南》(人民交通出版社)、《浙江省美丽农村公路建设指南》等书，在大量实践和探索的基础上，提出了极简农村路理念，受到部省等专家的肯定，连续受邀在第3、4、5、6届交通旅游大会上作专题宣贯，也受邀在多个省份授课，受到学员的一致好评。台州市寒山和合环线按照极简农村路理念建设获得了首批交通运输部十大最美农村路，寒山和合环线、神仙居环线、四色旅游环线获得第1、2、3届中国公路学会最美农村路称号。极简农村路建设理念还纳入到交通运输部农村公路管理养护体制改革试点内容。

"四好农村路"是习近平总书记亲自总结提出、亲自推动实践的一项重大民生工程、民心工程、德政工程。2019年7月，交通运输部、国家发展改革委等七部门联合印发《关于推动"四好农村路"高质量发展的指导意见》，提出"开展'美丽农村路'建设，结合美丽乡村建设，建设宜居宜业宜游的'美丽农村'。到2025年，实现乡乡都有美丽农村路。"2019年9月，《国务院办公厅关于深化农村公路管理养护体制改革的意见》中提出"坚持经济实用、绿色环保理念，全面开展'美丽公路'创建工作"。美丽农村路成为"四好农村路"高质量发展的重要抓手之一，既能够对乡村振兴发挥重要的促进作用，也能够对生态文明、美丽乡村以及交通强国建设起到强有力的支撑作用。

"十三五"以来，各地不断探索"美丽公路+"的新业态、新模式，通过美丽公路建设拉动了一批乡村旅游、民俗文化产业的发展，为乡村振兴、农民致富打下了有力的基础。因此，美丽与农村公路相结合是新时代农村发展的必然趋势和必要需求。特别是一些通景区、旅游区、民宿等交通流量较大的农村公路，其美化提升的技术应与其他普通公路区别对待。此类公路对美的需求更加迫切,急需对其进行美化提升,将其打造成乡村美景的一部分,让路融于景,实现"车在路上行,人在景中游"这一理想目标。

一般美丽农村路按建设内容可分为新建改建类和美化提升类,本书仅对现有公路的美化提升进行阐述。本书中所述美丽农村路一般指县、乡、村道,但大道相通,本书理念和观点可作为高速公路和国省道美丽公路美化提升的参考和借鉴。

本书提出"极简农村路"的建设理念,是基于大部分美丽农村路的理念基础,用简单、省钱的思维,构建可借鉴、可复制、可参考的样板。本书根据作者多年的实践经验给出了一些方法和建议,绝大部分案例为浙江台州实践,大多数照片为作者自己拍摄收集,本书结合大量案例加以说明,建设者们可结合本书案例,根据本地气候、公路、乡村、人文等因素,因地制宜的探索适合本地实情的美化提升方法。

由于作者理论水平和实践经验有限,书中内容难免有欠缺、不妥甚至错误之处,恳请广大读者批评指正。

李威

2023 年 12 月

# 目 录

# 第一章 概述

本章主要概述极简农村路建设，包括四个方面，分别是极简农村路建设的总体原则、极简农村路的建设理念、极简农村路建设的主要内容、极简农村路建设的主要技术路线。

## 第一节 极简农村路建设的总体原则

本书所描述的极简农村路为美丽农村路建设（下文所有提及的美丽农村路均特指极简农村路）的一种技术路径，是基于农村公路美化提升工作的技术要求方面的总结，既包含了美丽农村公路建设的目标，即达到简单美的要求；又包含了美丽农村公路建设所需要的措施，即简化、美化提升措施，少花钱、办好事。本书认为极简农村路的建设原则主要有以下几个方面：

### 一、因地制宜，集约节约

每条公路都有其自身的特色，有着独一无二的自然环境、人文环境和公路基础。因此，在美丽农村路建设的过程中，不能因循守旧，更不能拿着千篇一律的做法去生搬硬套。或者说，每条公路都有自己的美丽元素和美化提升方法，没有放之四海而皆准的统一技术。建设者应更多地去调查公路沿线的自然、环境、人文等特点，结合生态、旅游等资源，科学确定工程方案，以乡村的特色去营造农村，以农民的视角审美去体现农村，把乡味、乡情、乡愁、乡音、乡土气息呈现出来，而不是一味贪大求美，设置大花海、大草坪、大凉亭、大广场，一味追求公路高大上的"白改黑"等，建设一些不切实际、难以达到、花费高昂、不可持续的景观设施。

## 二、安全至上，以人为本

美丽农村路建设要始终以安全为第一前提，突出安全至上、以人为本的原则。在美化提升的过程中，安全必须优先于美丽，不能仅考虑美丽元素的增设，而忽视公路的安全运营，更不能因美丽元素的增设而增加公路安全运营风险。同时，美丽元素也是一种服务，要服务于人的感官、感受和体验，始终以人的体验感受为本。因此，美丽农村路应围绕农村群众实际的生产生活需求，积极拓展农村公路的服务功能，加强交通功能及配套服务设施的人性化设计，为沿线群众提供生活、生产等方面的便利服务。

## 三、全寿命周期，可持续发展

美丽农村路建设必须站在公路全寿命周期的角度，着眼于公路从建设到养护的全过程，不能仅仅局限于建设期投入了多少经费和技术，而不考虑养护期需要承担的各种管理和技术成本。需要特别注意的是，一条农村公路的美化提升，如果脱离乡村本色，过于"豪华"，那么就会给农村带来巨大的后期运营成本压力，将直接导致绿化等景观在短时间内因养护投入不足而疏于管养直至衰败。本书希望，所有建设者在建设前就应当考虑到农村公路全寿命周期的运营成本，本着可持续发展的建设理念，建设"看得美、养得起、留得住、管得牢"的美丽农村路。

## 四、助力发展，乡村共富

美丽农村路的建设需要载体，要更多地考虑连接终端，即将景区、农村民宿文化产品、产业集聚点等连接起来，更好地发挥公路的基础设施功能，以路兴业、以美促富，助力全面共富、乡村振兴，实现"建设一条公路，富裕一方百姓"。而不是为了造路而造路，为了美化而美化，美化和提升是为了给沿线的乡村、产业、文化带来更多的连接、带来更好的服务、提供更美的景观。

# 第二节　极简农村路的建设理念

大部分农村公路的管养主体都是当地乡镇或者村，普遍存在养护资金短缺、管养技术不足、可持续保障困难等问题。而建设美丽农村路，很多建设者认为这就是一项花钱的项目，没有大笔经费是无法完成的。实际上，从很多农村公路美化提升的案例来看，美丽农村路不都是仅仅依靠"巨资"打造的，有钱有有钱的做法，没钱有没钱的做法。通常依靠"巨资"打造的美丽农村路后续效果反而比较差，因为需要较大的经费开支来维护，才能使其绿化等景观保持在一个较高的水平，这对当前绝大部分农村现状来说是有一定难度的，而且乡镇、村真正投入农村公路的经费非常有限，除非该公路位于景区、产业区等，有一定的经费来源支撑。

因此，在美丽农村路建设过程中，我们不应该把美丽农村路作为一次性投入的工程来对待。建设美丽农村路不仅要先衡量前期修建时的一次性投入成本，还要综合考虑后期养护所需要的各项支出。因此，本书认为"全寿命、可持续"是美丽农村路建设的重要理念之一。

　　"全寿命、可持续"体现的是：从全寿命周期的角度入手，建设期充分考虑后期养护的内容，将"以整代建"作为农村美丽路建设的重要手段，减少大拆大建，能借景、不造景，能利用、不新建，能整治、不拆除。在原有公路上多做"减法"，少做"加法"，尽量把沿线的风景融入公路中，而不是频繁在公路沿线采取种树、种花、造景等形式来添景。农村公路不要过度追求"高大上"绿化等景观，应基于乡村原有的条件，做适当合理必要的"添景""引景"和"障景"，通过扎实细致的整治工作，精细到位的养护措施，让美丽农村路实现可持续、可巩固的良性循环，改变农村"破、陋、散、乱"等现象，呈现农村公路"天然去雕饰"的本质外观。

　　因此，本书认为极简农村路（美丽农村路）应当是：基于全寿命周期视角和可持续发展的理念，运用整治、提升、美化等手段，建设基础设施齐全、公路形态优美、路域环境整洁、服务内涵丰富的公路。

# 第三节　极简农村路建设的主要内容

　　极简农村路的建设内容，主要体现在四个方面：基础设施优、整体形态美、路域环境好、沿线服务和文化融合佳。建设者制订日常美丽农村路考核评价标准时，也可以根据这四个方面来确定详细的规则。

## 一、基础设施方面

　　美丽农村路的本质还是路，因此，从重要性程度来说，基础设施的美化提升是美丽农村路建设中最重要的一个方面，也是公众最能直接感受到的方面。基础设施的美化提升，主要从路基、路面、桥隧、附属设施等一些主要结构物上体现，结构物的基本功能要齐全、完善、安全和舒适，达到相关技术规范和标准的要求。

## 二、整体形态方面

整体形态的美化提升，主要从公路线形营造上着手，借助边沟、标线、护栏、绿化等来构成完整清晰的公路线形，呈现路宅分界和路田分界的效果。

## 三、路域环境方面

路域环境的美化提升，主要是指对公路沿线绿化、村庄、过村路段、路口、景区等进行环境整治，达到视觉统一、有序、整齐的效果。路域环境相较于前两方面（前两方面属于路内设施，一般指边沟内部分）大多数内容属于路外部分（一般指边沟外部分）。路外内容在重要程度上比路内的略低。这里举个简单的例子，我们要求路内的路肩部分必须做到路肩草勤修剪，但对于路外部分，可以允许有一定的杂草存在。

## 四、沿线服务和文化方面

从美丽农村路建设重要性角度而言，沿线服务和文化相较于前三个方面又更低一些，甚至仅起到点缀作用，但却往往是美丽农村路中画龙点睛之笔。很多农村公路缺乏亮点和特色，沿线没有可供游客欣赏美景的地方，也没有特别漂亮的路域环境，那么就可以从公路的服务站（驿站、观景台）、公交站亭甚至慢行道等服务设施上着手，结合当地人文、旅游、红色文化等资源，为农村公路添加更多的美丽元素。

# 第四节　极简农村路建设的主要技术路线

第三节讲到，极简农村路建设主要分为基础设施、整体形态、路域环境、沿线服务和文化这四个方面内容。要完成这四个方面内容，需要我们一一按照以下几个主要的技术路线实施。

## 一、公路洁化方面

洁净的环境是美丽农村路的第一要素，也是最需要被重视的一个方面。我们在美丽农村路建设过程中，千万不能舍本逐末，只重视景观（如花草树木的种植）的打造，而忽视公路沿线路面、路肩、护栏、隧道等的洁化问题，否则容易出现"漂亮的景、杂乱的路"这一现象。因此，首先需要做的是增强公路的养护力量，购置足够多的洒水车和清扫车，增加公路的保洁频率和提高公路的保洁力度，加强对沿线抛洒滴漏等污染公路行为的整治力度，使农村公路始终保持较为洁净的状态。这种环境的营造需要建设部门以长效的思维，长期坚持才能实现，而不是一次性的建设就能达成。

## 二、设施完整方面

公路沿线设施完好是美丽农村路的第二要素。公路如人，美丽农村路的打造就如同人穿衣服一样，干净、无破损是两个比较重要的因素。因此，在美丽农村路建设的过程中，要注重沿线设施的完好性修复，比如路面坑洞、裂缝的修补，绿化的补植完善，护栏的修复，标志标线的修复等等。

## 三、线形表现方面

线形美是公路独有的美。美丽农村路建设过程中，应站在驾乘者的视角，打造"四线分明"（四线即路基路面边缘轮廓线、车行道分界线、安全设施防护线、绿化美化线）的公路线形，有效增强行车过程中的视觉效果，更好地做到路宅分界和路田分界。

## 四、路域整治方面

农村公路的美化提升应该更多注重在原有公路上的整治，尽量把沿线的风景引入到公路中，而不是过于注重通过在公路沿线种树、种花、造景等形式来添景，农村公路过度营造美景容易脱离乡村本色。具体如何路景相融，建设者们应该注重以下三方面内容：嘉者收之、俗者屏之、乱者统之。

### （一）嘉者收之

对沿线景观较好的乡野、水景、林田等路段，可免栽绿化或少量点缀绿化，设置通透性好的钢索护栏，并适当修剪遮挡视线的野草、树木，以"引景"的手法将优美景观呈现于公路两侧，让驾乘者获得欣赏沿途美景的体验。有条件的还可以设置观景台，以高出公路的形式，给驾乘者提供更广阔的视野等。如图1-4-1所示，公路左侧采取敞开式设计，不种植苗木，免得遮挡路边美景；如图1-4-2所示，公路左侧用缆索护栏代替钢制护栏，避免遮挡美景。有些地方，还可以对路侧植物枝叶进行修剪，避免遮挡路边景色。

图 1-4-1　嘉者收之一

图 1-4-2　嘉者收之二

## （二）俗者屏之

在公路两侧景观营造中，对于路侧视觉效果较差、杂乱等现象，应通过砌筑文化墙、种植植物绿篱等方式，以"障景"的

手法予以遮挡。植物可选用长势快、遮挡效果较好的种类。如图
1-4-3 所示,当地采取砌筑砖墙的形式,遮挡背后的垃圾堆放场
所,起到了很好的效果;如图 1-4-4 所示,当地用白墙遮挡较为
杂乱的农房。

图 1-4-3　俗者屏之一

图 1-4-4　俗者屏之二

## （三）乱者统之

以齐整为标准，以凸显公路线形为目的，对公路沿线杂乱的现象进行统一整治，起到视觉齐平统一、路域清洁整齐的效

图 1-4-5　没有做到乱者统之

果。如图 1-4-5 所示，公路本身比较漂亮，但是由于公路两侧乱堆乱放，就显得较为杂乱，而如图 1-4-6 所示，公路两侧整理整齐有序，无乱堆乱放，就显得形象较好。

图 1-4-6　做到了乱者统之

## 五、环境协调方面

农村公路串联乡村，连接景区、农家乐、特色小镇等，周边环境以乡野、农村、山水、林田为主。因此，农村公路沿线环境不应该脱离乡村本色，而是要植根于乡村特色，还原乡村的自然美、生态美和历史、人文、休闲等元素，让"乡村回归乡村"，使每一个乡村都能展现出独特的文化韵味、别样的田园风光和良好的生态环境，实现"望得见山、看得见水、记得住乡愁"的目标。具体如何协调环境，建设者们应注重以下三个方面内容：旧而不破、简而不陋、野而不荒。

### （一）旧而不破

农村公路以展现乡村特色为基础，不追求"豪华"，不与城市道路类比，不讲究设施和景观的"高大上"，秉承"能用就行，不铺张不浪费"的原则，容许一些设施陈旧，但要尽量避免设施出现破损，如果出现破损要及时修复。如图1-4-7所示，农村基础设施不一定都要崭新，但维修必须到位。

图1-4-7 旧而不破

## （二）简而不陋

农村公路以简为美，不搞"花团锦簇"，不搞"豪华装饰"，公路两侧不做过多装饰点缀，但要避免公路沿线乡村门前屋后出现乱堆放、乱搭建、乱晒乱扔等陋习现象。如图1-4-8所示，农村公路沿线环境干干净净、简简单单即可。

图1-4-8　简而不陋

## （三）野而不荒

农村公路应着重体现乡村、乡野、乡情，体现民俗、生态和自然，绿化多以乡土树种和多年生籽播花草为主，景观构造多采用本土原材料如稻草、木头、鹅卵石、砖瓦和竹篱笆等组合，体现乡村特色。部分山岭路段尽可能减少人工痕迹，但要避免抛荒感，做到宜绿则绿、应绿尽绿。如图1-4-9所示，公路两侧种植当地的树种水杉，四季不同颜色，乡土特色浓郁；如图1-4-10所示，当地在公路两侧种植茅草，具有乡野气息。

图 1-4-9 种植水杉的美丽公路

图 1-4-10 种植茅草的美丽公路

## 六、氛围营造方面

在农村公路沿线适当布设一些小品景观，将公路与乡村文化相结合，形成独有的公路文化品牌，既起到点缀公路的效果，又能够有效营造良好的宣传氛围。

沿线小品点缀应遵循"不刻意设置而润物细无声"的效果，避免"低级红""一片红"，可以与党建正能量引导、惠民政策宣传相结合，以达到党建先锋引领、体现创建实效、提升百姓认知的目的，让公路沿线景观能"讲故事"，起到"走一走、看一看、停一停、听一听"的效果。

# 第二章 主体工程

本章主要介绍了主体工程，包括六个部分，分别是公路线形、公路横断面、路基、路面、桥梁与隧道、绿化。公路线形部分由公路美学的特点和公路线形的表现、营造形式组成；公路横断面部分由横断面的形式和比较组成；路基部分由路肩、边坡、边沟、分隔带和绿化带的美化提升组成；路面部分由路面的类型和美化提升组成；桥梁与隧道部分由桥梁、隧道的美化提升组成。

## 第一节 公路线形

### 一、公路美学的特点

公路美学与园林美学有所不同，甚至在很多地方有着天壤之别。这决定了两者在美化提升方面使用的不同手法。

园林美学的特点是：景观离观赏者距离较近，观赏者大多以静态或者缓慢行进的速度观赏，其景观形态属于静态美，呈点块状，景观在观赏者眼中是静止的。园林景观更加注重细节表现，注重色彩的搭配、植物群落的层次感和物种多样性等方面，如图2-1-1所示。

图 2-1-1　园林绿化

公路美学的特点是：景观离观赏者距离较远，观赏者大多以快速行进的速度观赏，其景观形态属于动态美，呈条线状，景观在观赏者眼中是动态的。公路景观更加注重远景和线形的表现，注重公路各种线形在车辆行进方向上的表现，如图 2-1-2 所示。

图 2-1-2　公路绿化

因此，我们在营造公路景观和绿化时，如何凸显公路线形是美丽公路建设过程中需要做的一项重要内容。在快速行驶中观赏，驾乘者更加注重的是高速行进过程中的线形感受，这往往与绿化品种和档次无直接关系，重要的是将绿化形成线形，与公路其他线形相得益彰。所以本节会重点讲解公路的线形形态。

## 二、公路线形的表现形式

公路线形主要体现在公路沿着行进方向的线条，主要可归纳为"四线分明"，如图2-1-3、图2-1-4所示，这是公路养护规范里强调的基本做法。"四线"的具体内容如下：

图 2-1-3　公路线形组成一

图 2-1-4　公路线形组成二

### （一）路基路面边缘轮廓线

一般由车行道边缘线、边沟（挡墙）线或硬路肩（土路肩）边缘线等构成。

### （二）车辆行驶分道线

一般指车行道分界线。

### （三）安全设施防护线

一般根据实际情况选用钢质护栏、钢索护栏等多种形式，护栏可选择与环境更协调的外观颜色。

### （四）绿化美化线

一般由灌木地被、乔木等线形组成。

公路线形并不局限于以上"四线"，建设者也可以根据实际情况构建出其他线形。

可以想象，在线形较好的公路上行车能够取得非常好的驾乘体验。因此，有几句话经常用来形容公路的线形美——"弯一弯是一道风景""宜弯则弯"等。

所以，公路线形美是农村公路美化提升较为重要的工作内容，农村公路应在标线、边沟、护栏、绿化等设施上做到应设尽设、应全尽全。完善的基础设施是一条美丽公路的基本要求，这也是本书所描述的极简农村路的精髓。

## 三、公路线形的营造形式

"四线分明"可以通过路基和路面、标线、绿化和护栏、砌石和栅栏等多种形式来体现，建设者可根据公路沿线的实际环境因地制宜地选择。

**（一）路基和路面线形**

路基路面是公路的基本线形，是公路走向和宽度的基本要素，公路路基和路面在走向以及宽度上要做到线形顺直、断面完整无缺口。如图 2-1-5 和图 2-1-6 所示，路面的轮廓线形是通过标线和平石营造出来的，路基的轮廓线形是通过砌石营造出来的。

图 2-1-5　公路线形三

图 2-1-6　公路线形四

　　而如图 2-1-7 所示路面轮廓线形模糊，建议使用路面边缘标线漆画分界线；图 2-1-8 所示路基轮廓线形模糊，建议砌筑路基，形成如图 2-1-5 所示的路基边缘线，才能勾勒出较好的公路线形。

图 2-1-7　公路轮廓不清一

图 2-1-8　公路轮廓不清二

### （二）边沟和路肩线形

本文将边沟和路肩独立于路基线形来讲，主要是因为边沟和路肩是形成公路线形的重要元素，路肩一旦出现脱肩、高路肩、缺

图 2-1-9　边沟顺直的公路线形

口或者缺失等情况，就会造成公路线形不完整。如图 2-1-9 所示边沟线非常顺直，极大地提升了公路的美观程度，而如图 2-1-10 所示公路缺少边沟，导致路基轮廓边线模糊不清，视觉效果较差。

图 2-1-10　没有边沟的公路线形

如图 2-1-11 所示。公路路肩坚实、顺直，无脱肩和高路肩现象，形成了一条平顺的线形；而如图 2-1-12 所示。公路路面的轮廓线形虽然较好，但是脱肩现象严重，导致路基轮廓线形不清晰，在一定程度上影响了公路美观。

图 2-1-11　路肩标准的公路线形

图 2-1-12　路肩不标准的公路线形

**（三）公路标线等附属构造物线形**

公路标线通常是公路线形的点睛之笔，更是美丽农村路不可或缺的一部分，还能够给公路添加一些色彩，特别是黑色的沥青路面配以清晰的车行道边缘线，就显得特别漂亮，这也是众多驾乘者喜欢沥青路面的一大原因。如图 2-1-13、2-1-14 所示公路标线顺直、醒目，沿着公路方向有很好的引导作用。

图 2-1-13　标线清晰的公路线形一

图 2-1-14　标线清晰的公路线形二

如图 2-1-15 所示。公路通过设置黄黑相间的示警桩，人为地营造了一条"线"，对行车视线有了很好的引导，特别适用于路基高度小于 2.5 米的路段（通常小于 2.5 米不需要设置钢制护栏），起到了一定的安全防护作用。在天色较暗的情况下，引导效果更加凸显，对夜间行车有着更好的保护作用，如图 2-1-16 所示。

图 2-1-15　示警桩形成公路线形一

图 2-1-16　示警桩形成公路线形二

### （四）绿化和护栏线形

绿化和护栏对线形表现的贡献与边沟的效果基本相同，主要起到勾勒线形的作用。如图 2-1-17、2-1-18 所示，公路两侧的绿化对公路的美观具有很好的改善作

图 2-1-17 绿化形成公路线形一

用，同时图 2-1-17 中的绿化能够很好地引导驾乘者将视线聚焦于公路内，从而忽视公路两侧的一些脏乱差现象；而图 2-1-18 中右侧种植的毛竹隔离带专门用于遮挡凌乱的山体和裸露的岩石。图 2-1-19 和图 2-1-20 中，护栏的增设对行车视线也具有很好的引导作用，如图 2-1-19、2-1-20 所示。

图 2-1-18 绿化形成公路线形二

图 2-1-19　护栏形成公路线形一

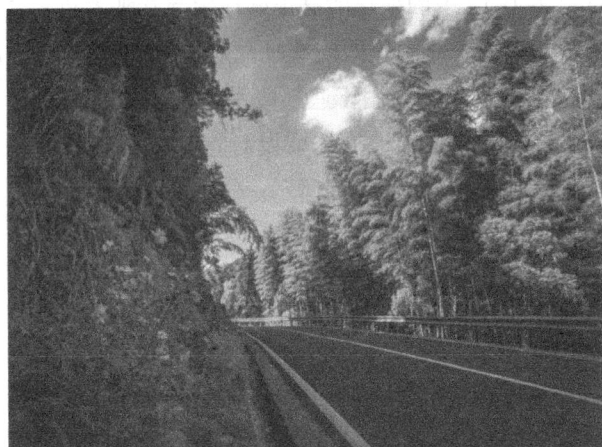

图 2-1-20　护栏形成公路线形二

## （五）砌石和栅栏等线形

具有乡土特色的砌石、竹（木）栅栏、鹅卵石不仅能够营造公路线形，还能够凸显出乡土气息。农村公路还可以采用砌石、竹（木、仿竹木）栅栏、鹅卵石等材料来建造有特色、有亮点的景观。如图 2-1-21 至图 2-1-24 所示，分别采用砌石、鹅卵石、竹篱笆和块石来实现路宅分界和路田分界，既能呈现乡村田园的风味，又能将公路有效地与周边农村、民居隔离。

图 2-1-21 砌石形成公路线形

图 2-1-22 鹅卵石形成公路线形

**图 2-1-23　竹篱笆形成公路线形**

**图 2-1-24　块石形成公路线形**

由上可知，公路线形可以通过多种组合形式来凸显"四线分明"。下面通过几个对比案例来进一步分析公路线形的重要性。

如图 2-1-25、2-1-26 所示。两条公路从路域环境来说几乎相同，但是二者的美观程度相差甚远，主要还是源于图 2-1-25 中增设了标线、边沟和护栏，特别是标线和边沟极大提升了该公路的美观程度。

图 2-1-25　线形分明的公路

图 2-1-26　线形不够分明的公路

如图 2-1-27、2-1-28 所示，它们是为同一条路，图 2-1-27

仅在图 2-1-28 的基础上增设了边沟和标线，马上就变得整洁、有序、线形分明了。

图 2-1-27　线形分明的公路

图 2-1-28　线形不够分明的公路

如图 2-1-29、2-1-30 它们是同一条公路的同一路段。图 2-1-29 仅在图 2-1-30 的基础上增设了边沟，就显得十分有序。

如果再对右侧山体进行绿化或采取图 2-1-18 中的绿篱遮挡，公路景观将改善得更加明显。

图 2-1-29　线形分明的公路

图 2-1-30　线形不够分明的公路

# 第二节　公路横断面

## 一、横断面的形式

公路横断面形式的选择往往也是农村公路美化提升的范畴。这里所指的公路横断面与新建公路的横断面有所区别，它主要指的是公路路基宽度范围内各类构造物的组成形式。

建设者应当意识到横断面选择的重要性，一条公路的横断面有多种形式，不同横断面的形式对应的美化提升方法也不同，美丽的表现方式也不同。本书更多倾向于易于养护、表现简单、画面感清晰的横断面形式。如图 2-2-1、2-2-2 所示，分别为两种类型的横断面形式，图 2-2-1 的横断面由硬路肩＋行道树＋沥青路面组合而成，图 2-2-2 的横断面由硬路肩＋沥青路面组合而成，这两种横断面给观赏者的感觉就是干净、整洁，二者都不失为一种较为简单、美丽的横断面形式。

图 2-2-1　公路横断面形式一

图 2-2-2　公路横断面形式二

　　如图 2-2-3、2-2-4 所示，它们又是另外两种横断面形式，其中，图 2-2-3 的横断面由土路肩＋地被＋行道树＋水泥路面组成，图 2-2-4 的横断面由土路肩＋沥青路面组成。这四种横断面给于观赏者的效果各有不同，下文会详细对比。

图 2-2-3　公路横断面形式三

图 2-2-4　公路横断面形式四

　　如图 2-2-5、2-2-6 所示，它们的横断面又分别由土路肩＋灌木＋行道树＋水泥路面和硬路肩（含边沟、护栏）＋沥青路面组成。图 2-2-5 与图 2-2-3 的不同在于路肩上分别种植地被和灌木。

图 2-2-5　公路横断面形式五

图 2-2-6 公路横断面形式六

## 二、各种横断面的优缺点比较

综上这六种常见路基横断面的形式，下面从美观程度、建设成本、养护成本等几个维度来评价其优缺点，如表 2-2-1 所示。

表 2-2-1 各类型路基横断面各项参数横向对比表

| 图编号 | 断面形式 | 美观程度 | 建设成本 | 养护成本 | 其他 |
|---|---|---|---|---|---|
| 2-2-1 | 硬路肩 + 行道树 + 沥青（水泥）路面 | 好 | 较高 | 较低（省去路肩养护） | |
| 2-2-2 | 硬路肩 + 沥青（水泥）路面 | 好 | 一般（省去植树） | 低（省去路肩养护和植树养护） | 适合于周边环境较好的地区，既增加了路面有效宽度又减少了养护成本 |

| 图编号 | 断面形式 | 美观程度 | 建设成本 | 养护成本 | 其他 |
|--------|----------|----------|----------|----------|------|
| 2-2-3 | 土路肩＋地被＋行道树＋沥青（水泥）路面 | 好 | 较高（两层绿化建设内容） | 一般（既有路肩养护又有植树养护内容） | |
| 2-2-4 | 土路肩＋沥青（水泥）路面 | 一般 | 低（省去植树和硬化） | 较低（路肩需要养护） | |
| 2-2-5 | 土路肩＋灌木＋行道树＋沥青（水泥）路面 | 好 | 较高（增加了灌木） | 最高（既有路肩养护又有植树养护） | 路肩灌木的设置虽然增加一定的美感，但是导致路面垃圾和水均不能通畅排出 |
| 2-2-6 | 硬路肩（含边沟、护栏）＋沥青（水泥）路面 | 好 | 较高 | 低（省去路肩养护和植树养护） | 结合边沟和护栏进行硬化是很好的选择 |

由上表，建设者可根据实际环境和各种横断面的优缺点来选择适合断面，从美观和养护便利性角度来看，硬路肩＋行道树＋沥青（水泥）路面、硬路肩＋沥青（水泥）路面是首选，原因在于路肩硬化后给后期养护带来较大的方便，同时硬化的路肩不仅增加了路面宽度，给会车带来方便，还如公路看起来更加整洁。次之，也可以选择土路肩＋地被＋行道树＋沥青（水泥）路面，日常只要对地被进行除草和割草，养护成本并不高，观赏性较好；尽量不选择土路肩＋沥青（水泥）路面和土路肩＋灌木＋行道树＋沥青（水泥）路面，其养护成本和美观度均不理想。《小交通量农村公路工程设计规范》（JTG/T3311）中第13.4.2条提出不提倡在路肩上种植乔木，因此硬路肩＋行道树＋沥青（水泥）路面和土路肩＋地被＋行道树＋沥青（水泥）路面两种形式一般情况也并不推荐。

　　另外，还有一种横断面形式也值得推荐，就是在部分有条件的地区对农村公路进行路肩路面化，这种形式适用于大部分沥青路面路段，如图 2-2-7 和 2-2-8 所示，具体内容在下一节详述。

图 2-2-7　路肩路面化的横断面一

图 2-2-8　路肩路面化的横断面二

　　如图 2-2-9 至图 2-2-11 所示，它们分别为同一条公路改造的三个阶段，断面形式从土路肩＋行道树＋沥青路面变成硬路肩＋行道树＋沥青路面，再变成路肩路面化＋行道树。通过对比不难发现，显然图 2-2-11 采用的路肩路面化横断面形式更为简洁，养护更为方便，行车舒适性更佳，美观性更好。

图 2-2-9　土路肩的公路

图 2-2-10　硬化后的公路

图 2-2-11 路肩路面化的公路

# 第三节 路基

农村公路路基的美化提升多表现在路肩和边坡方面，本书着重从这两方面论述。

## 一、路肩的美化提升

路如人，路肩就如人的肩膀，人的肩膀如果塌陷或者高耸都会影响美观，路肩类同，它可以体现路的精气神。路肩的美化提升是美丽农村路建设非常重要的一个部分，主要包括路肩形式的选择、美化提升技术和路肩绿化三方面的内容。

### （一）路肩形式的选择

上文已经提到，路肩有土路肩、硬路肩两种基本形式。严格来讲，路肩路面化并非路肩的一种形式，而是一种美化形式，本书且将其作为一种另类的路肩形式。对于这三种形式，每种形式都有其特点和适用的范围。

1. 土路肩

土路肩是最常规的路肩形式，施工简单，但从全寿命周期角度看，后期养护比较麻烦，路肩草需要经常性的修剪。如果路肩宽度较窄（很多农村公路仅为 20—30cm），绿化难以成活，就会影响公路美观，如图 2-3-1 所示。土路肩的另外一个缺点是，强度不足，雨天被车轮碾压后容易导致翻浆，影响路面保洁，如图 2-3-2 所示。因此，本书建议图 2-3-1 的这种情况应当将土路肩硬化，改为图 2-2-2 的这种横断面；建议图 2-3-2 的这种情况增设排水边沟，并对土路肩进行硬化。《小交通量农村公路工程设计规范》（JTG/T3311）第 6.2.2 条提出，路肩宽度小于 0.5m 时应进行硬化；宽度大于或等于 0.5m 时宜进行硬化。所以图 2-3-1 的这种情况，本身在规范上也并不推荐。

图 2-3-1　土路肩未硬化的公路一

图2-3-2 土路肩未硬化的公路二

2. 硬路肩

硬路肩初始造价较土路肩高，但是一旦建成后，可以承担一定的路面功能，特别是农村公路普遍路面宽度较窄的情况下，它能够起到避车的作用。同时，路肩硬化后，免去了后期植草、修剪等工作内容，甚至连公路日常保洁都较土路肩容易很多。因此，从全寿命周期的角度来看，硬路肩是一种不错的形式，如图2-3-3所示。但这种形式也有缺点，即路肩硬化后，如果硬化厚度达不到要求，导致路肩破损的情况时有发生，影响公路行车的舒适性。因此，路肩硬化应遵守规范要求，否则容易因基础未处理或者路肩过于薄弱等原因导致路基路面破损严重，如图2-3-4所示。

图 2-3-3　路肩硬化的公路

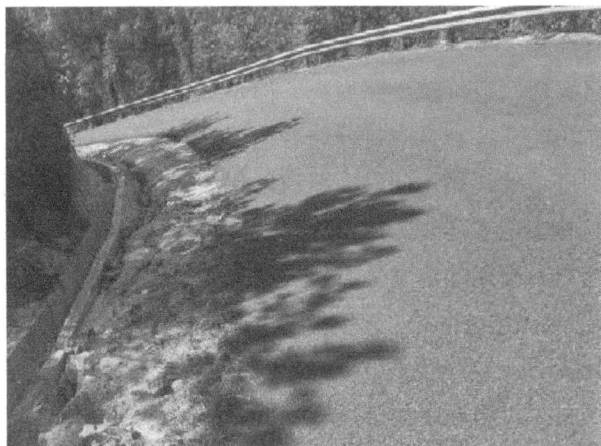

图 2-3-4　路肩破损的公路

　　如图 2-3-5 所示，该路段一侧有大片抛荒的土地未进行处理，后如图 2-3-6 所示，该路段后期进行了硬化，因此公路显得更加整洁有序。

图 2-3-5 路肩未硬化的公路

图 2-3-6 路肩硬化后的公路

3. 路肩路面化

路肩路面化后，往往能够更大程度地利用农村公路有限的路面宽度，同时从外观来看公路路面更加一致性、统一性，如图2-3-7所示。但路肩路面化后也会带来一定的负面问题，比如车辆行驶缺乏清晰的边缘结构物引导存在驶出路面的风险，应当加强防护，如利用黄黑相间的示警桩予以引导，如图2-3-8所示。

图2-3-7　路肩硬化后的公路

图2-3-8　使用示警桩的公路

### （二）路肩美化提升技术

路肩美化提升技术的关键不在于路肩形式的选择，而在于路肩养护工作的精细化程度。《公路养护技术规范》（JTGH10）第

3.2.1 条规定：公路路肩应保持平整、坚实，横坡适顺，排水顺畅。由于高路肩对路基路面和路域环境的影响较大，路面沉积的泥土、垃圾和地表水都无法顺利排出。如图 2-3-9 所示，这种路肩形式如果养护不到位，时间久了，就容易变成如图 2-3-10 所示的情况。为了便于排水，土路肩的横坡应略大于路面横坡，硬路肩的横坡与路面横坡一致。

图 2-3-9 路肩管护较好的公路

图 2-3-10 路肩管护不到位的公路

如图 2-3-11、2-3-12 所示，这两种路肩就属于脱肩的情况，既影响了公路外轮廓线形的美观，又失去了路肩的绑土效果，路基容易失稳，路基边缘的行道树、护栏等都容易倾斜或者防撞性能不足。

图 2-3-11　脱肩的公路一

图 2-3-12　脱肩的公路二

### （三）路肩美化提升的建议

我国农村公路大部分路肩都是土路肩，土路肩的绿化依然要遵循公路养护规范的要求，保持路肩平实、适顺是关键。平实是为了确保车轮碾压之后路肩不会发生沉陷，适顺是为了不阻碍路面上垃圾、泥土和积水排出路基。因此，路肩的绿化尽可能以种植低矮、固土、易养护的植物为主，如种植草皮、撒播草籽，如图 2-3-9 所示。而不建议种植草花或者灌木，如图 2-3-13 和图 2-3-14 所示，原因在于草花在开花的时候非常好看，但给后期养护带来很大的难度，同时经不起车轮的碾压。如图 2-3-15 所示，这条农村公路在路肩上种植了石竹，每年 5 月份开花的时候，沿线景观非常漂亮，花期为半个月左右，但是半个月之后，经常性地遭受车轮碾压，一年当中其余大部分时间里都是图 2-3-16 所示的样子，效果非常不理想，而且石竹不进行养护复种，就会逐步衰败。

图 2-3-13　路肩种花的公路一

图 2-3-14　路肩种花的公路二

图 2-3-15　路肩种花的公路三

图 2-3-16 路肩花凋谢后的公路一

很多地方喜欢在路肩撒播多年生的草花，如波斯菊、格桑花之类，对公路沿线的添彩效果非常明显，如图 2-3-13 所示。但草花凋谢后就成了枯干，造成长期的枯萎状态，如图 2-3-17 所示，即便多年生的草花到了第二年开春，如不进行复播效果就会不佳。这样的绿化形式需要投入非常大的人力和物力，本书并不推荐，但有些公路为了视觉美化效果，建设者可以根据自己的养护能力进行选择，关键要做好后期的维护、复播等工作。

图 2-3-17 路肩花凋谢后的公路二

如图 2-3-18 所示，路侧种植灌木，如不进行及时养护，大量的落叶以及路面的垃圾和尘土积累在灌木根部，落叶腐烂后难以清理，这样的绿化形式选择也需要建设者投入较多的人力和物力。

图 2-3-18 路肩大量落叶积累的公路

## 二、边坡的美化提升

边坡的美化提升也是营造公路景观的重要手法之一，特别是一些山区公路，裸露边坡的情况比较普遍，由于经费等因素的限制，对所有边坡进行复绿并不是一种可行的方法。因此，本书从农村实际出发，给出如下几点建议。

### （一）上边坡的美化提升

上边坡即在行车途中可以看得到的边坡，属于高于路面的部分，因此它的美化需求比下边坡更高，有条件的地方建议对上边坡进行一定的防护和绿化如图 2-3-19、2-3-20 所示，植草防护和喷混凝土防护并不是可以随便选择的，需要根据边坡的土质形式来确定。人工砌筑的挡墙也可以进行一定的美化如图 2-3-21、

2-3-22 所示，但挡墙美化时一定要注意，美化得好可以很漂亮，反之，美化得不合适就会成为一种累赘，它对后期的养护要求也很高。如图 2-3-23 所示，挡墙涂上图案后并未提高多少美感；而如图 2-3-24 所示，挡墙因为喷涂时间较长，油漆剥落显得较为难看，所以在边坡和挡墙上喷涂彩绘的形式需谨慎考虑。

图 2-3-19　边坡喷涂混凝土防护后的公路

图 2-3-20　边坡复绿后的公路

图 2-3-21 挡墙美化形式一

图 2-3-22 挡墙（抗滑桩）美化形式二

图 2-3-23　挡墙美化形式三

图 2-3-24　挡墙美化实效后

## （二）下边坡的美化提升

下边坡的美化要求比上边坡低，大部分下边坡只需要符合工程质量要求即可，建议下边坡尽可能以种植常绿、固土等植物为主，如种植沿阶草、麦冬等。如图 2-3-25 所示，下边坡撒播草花后，就会极大地提升沿线的景观效果，但后期草花的管养以及枯萎后的更换工作非常烦琐，特别是在农村公路，如果缺乏有效的管养措施，草花枯萎后就会形成如图 2-3-26 所示的情况，造成非常难看的景观。

图 2-3-25　下边坡撒播花籽后的公路

图 2-3-26　下边坡撒播花籽凋零后的公路

### 三、边沟的美化提升

边沟是农村公路重要的结构物，是防止公路遭受水损坏的不可或缺的部件，要求必须与主体结构物同时设计、同时施工、同时投产使用。另外，边沟也在公路美化上起到了非常重要的作用，顺直的边沟是公路的一条美化线。如图 2-3-27 所示，当地采用钢模板立模制作的农村公路边沟，使边沟的线形特别顺直，对公路景观效果的提升作出了很大贡献。而如图 2-3-28 所示，该过村镇路段采用盖板边沟增加公路通行宽度、提升排水效果的做法是值得肯定的，但是建设者忽视了盖板边沟的受力，导致盖板边沟配筋严重不足、破损严重。因此，一般建议有车轮碾压的边沟盖板至少具备一定的厚度，且设置双层钢筋网片。

图 2-3-27  漂亮的公路边沟

图 2-3-28　损坏的公路边沟

边沟建议采用"三面光"的形式，保证其外观平顺、无破损、排水顺畅，如图 2-3-29 所示。有些地方为了节省造价采用"两面光"代替"三面光"，实际并不可取。因为"两面光"的边沟会导致边沟外侧无法打理，山体的杂草等会侵入边沟，不但会堵塞边沟，还会导致边沟边线不清晰，如图 2-3-30 所示。

图 2-3-29　"三面光"的公路边沟

图2-3-30 "两面光"的公路边沟

边沟外的绿化属于路基外绿化，虽然要求低于路基内绿化，但由于是视觉所及的重要范围，建议对凌乱的山体进行遮挡，这样会显得更加有序。如图 2-3-31 所示，该公路各类结构物都较为完善，但边沟外的土体、山体较为凌乱，建议像如图 2-3-32 所示那样，种植一排珊瑚树等遮挡类、直立性较好的常绿植物，这样既能做到"俗者屏之"，又能实现"四线分明"。

图2-3-31 边沟外较为凌乱

图 2-3-32　边沟外整治到位

## 四、中央分隔带和两侧绿化带的美化提升

公路的绿化内容主要集中在中央分隔带和两侧绿化带上，这两部分绿化也应当根据公路基础条件和沿线环境决定，并无统一规则，但应当按照营造线形的要求来建设公路绿化。

### （一）中央分隔带的美化提升

有中央分隔带的农村公路，在选择中央分隔带上的绿化时需要更加注意其品种和形式，中央分隔带的主要作用是隔离上下行车辆、遮挡来车灯光、提供舒适的行车环境等，因此中央分隔带的绿化设置应充分考虑以下几个方面因素：是否有效遮挡来车灯光；是否会影响公路养护作业安全；是否会降低公路基础设施安全。

中央分隔带种植什么植物适宜并没有统一的规定，各地都有不同的做法，本书不详细阐述。本书给出几种不宜种植的情况，请建设者们注意：

1. 中央分隔带不宜用植物代替护栏

如图 2-3-33 所示，某地为了中央分隔带绿化美观通透，取消了护栏设置，虽然在美观上确实有了一定的提升，但显然与《公路交通安全设施设计规范》（JTGD81）要求不符。同时，其中央分隔带未设置低矮灌木，虽然提高了一定的通透性，却增加了对向行车炫光的不安全因素，并不可取。

图 2-3-33　中央分隔带种植高大乔木

2. 中央分隔带绿化不宜种植高大乔木

因为中央分隔带往往宽度和存土深度不足，导致乔木的根系不发达，防风抗台能力差，对行车安全造成较大影响，如图 2-3-34 所示，很容易被大风连根拔起出现倾倒现象，影响行车和行人安全。

图 2-3-34　中央分隔带乔木被风刮倒

3. 中央分隔带绿化不宜种植需精细养护的植物

如图 2-3-35 所示，某地在中央分隔带护栏间种植月季等开花植物，初期具有较好的观赏性，但是由于此类观赏性植物需要经常精细化修剪和施肥，一旦失养，就形成了如图 2-3-36 所示的现象，与一般绿色植物无异，甚至更加杂乱。

图 2-3-35　中央分隔带种植花卉

图 2-3-36 中央分隔带花卉凋谢后

4. 中央分隔带不宜种植落（换）叶较多植物

中央分隔带两侧一般都是快车道，车辆行驶速度较快，养护作业时封道难度大，不宜长时间占用，如绿化选择落（换）较多植物，会带来一定的安全作业风险，建议种植耐修剪的植物。因此，中央分隔带的植物种植，安全因素大于美观因素。

同时，本书建议中央分隔带尽可能采取有侧石的形式，在快车道上养护时，清扫车能够沿着侧石将路侧垃圾清扫干净，如图 2-3-37 所示，这种情况落叶比较容易清扫，不需要人工辅助清理；如没有侧石，清扫车会将落叶或垃圾卷入中央分隔带，导致仍然需要大量的人工辅助清理，加大了作业安全风险，同时大量的路面粉尘会不断地积累在绿化带根部，难以清理，且影响美观，如图 2-3-38 所示。

**图 2-3-37　中央分隔带使用侧石**

**图 2-3-38　中央分隔带未使用侧石**

## （二）公路两侧绿化带的美化提升

公路两侧修建绿化带时，应充分考虑以下几个方面因素：是使用绿化遮挡周边杂乱的环境还是引入周边美丽的风景；设置绿化带后是否会造成公路排水问题；设置绿化带（堆土）后是否会造成公路路基（桥梁基础）不平衡土压力；设置绿化带后是否会带来公路行车安全等。本书给出几种不应种植的情况，请建设者们注意：

1. 绿化带设置不应影响公路排水

在公路两侧砌筑侧石培土种植苗木，应当充分考虑排水的问题，如图 2-3-39、2-3-40 所示，公路两侧的绿化带导致公路无法通过横坡排水，遇雨天公路容易成为"游泳池"，对行车安全和公路使用寿命都有一定影响，这种情况在日常美丽公路提升和美化过程中非常普遍，建设者应当重点关注。

图 2-3-39　两侧绿化带未设置排水一

图 2-3-40　两侧绿化带未设置排水二

2. 绿化带设置不应影响公路行车安全

公路两侧绿化过于茂盛或者种植不当，会造成绿化侵入建筑限界的情况，如图 2-3-41 所示，公路路肩较窄，种植苗木后，苗木侵入公路建筑限界，容易造成较大的行车安全隐患，这种情况可以采取不种植行道树，甚至拓宽硬路肩的形式来获得更加有效的行车宽度。如图 2-3-42 所示，公路绿化遮挡公路标牌，对公路安全造成影响。

图 2-3-41　绿化侵入公路建筑限界

图 2-3-42　绿化遮挡公路标牌

3.绿化带设置不应影响公路设施安全

公路两侧修建体量较大的绿化带时，务必要注意大体量的培土会对公路原有路基土体稳定性造成的影响，如果靠近桥梁时，还会造成桥梁桩基偏位。

# 第四节 路面

## 一、路面类型的选择

公路路面类型主要分为水泥混凝土路面（以下简称水泥路面）和沥青混凝土路面（以下简称沥青路面）两种。随着我国经济的发展，沥青路面的使用率越来越高，人们也越来越体会到沥青路面带来的行车舒适性和视觉美观性。但实际上，对于农村公路，并不是沥青路面越多越好，两种路面结构形式都有各自的优缺点，各地应该根据实际需求来选择，具体如表 2-4-1 所示。

表 2-4-1 两种路面类型比较

| 项目 | 水泥路面 | 沥青路面 |
|------|----------|----------|
| 强度 | 强度高 | 强度低 |
| 施工 | 施工简单，不需要大型机械 | 施工复杂，需要大型机械 |
| 养护 | 养护维修简单（破板修复等），一般工人都能修复 | 养护维修复杂（补洞等），一般工人不能修复 |
| 寿命 | 寿命长，无重车影响可使用几十年 | 寿命短，一般 8 年以上都需要修复 |
| 防水 | 防水能力好，受地基沉降、水害等影响小 | 防水能力差，受地基沉降、水害等影响大 |

| 项目 | 水泥路面 | 沥青路面 |
| --- | --- | --- |
| 舒适性 | 舒适性较差 | 舒适性较好 |
| 美观 | 美观度一般 | 美观度较好 |
| 交通影响 | 修复时封道时间长，一般超过15天 | 修复时封道时间短，一般几天内可完成 |
| 对大型机械的要求 | 不需要大型机械 | 需要摊铺机、压路机等大型机械 |
| 成本 | 建设成本大体相同，养护成本低 | 建设成本大体相同，养护成本高 |

在农村公路路面类型的选择上，应根据当地的需求而定。比如：

**（一）景区公路**

景区公路普遍养护经费充足，受公众关注度高，对外观要求高，首选舒适性、美观度好的沥青路面。

**（二）山区公路**

山区受水损害影响较大，大型机械作业不方便，对美观度要求相对较低，应选用耐用的水泥路面。

**（三）穿越村镇公路**

穿村镇路段一般交通流量较大，对封道施工影响较为敏感，对舒适性要求较高，应选用修复时间短的沥青路面。

**（四）养护经费不足的地区公路**

该地区往往处于偏远地区，专业施工人员配备不到位，养护经费不足，应选用长寿命、易养护的水泥路面。

同时，也不要盲目追求沥青路面的美观。有的地方盲目将水泥路面进行"白改黑"，认为沥青路面是美丽公路的标配，只有沥青路面才是"高大上"的路面。实际上，如果水泥路面的各项要素都非常标准、齐全，达到了"四线分明、路田分界、路宅分界"，也不失为一条美丽公路，如图 2-4-1、2-4-2 所示。

图 2-4-1 水泥路面的美丽公路一

图 2-4-2 水泥路面的美丽公路二

## 二、路面美化提升的主要内容

路面美化内容比较简单，要对齐进行提升主要有两个要素：洁净和完整。

### （一）路面洁净方面

路面就如同人的脸，最重要的是洁净。如果路面不洁净，本书讲的其他元素再美观，也都毫无意义。洁净排在所有元素的第一位，也是驾乘者的第一感官体

图 2-4-3　路面洁净的美丽公路一

验。一条公路如果做到干干净净，无需过多装饰，同样显得漂漂亮亮，如图 2-4-3、2-4-4 所示。

图 2-4-4　路面洁净的美丽公路二

　　而有些公路的做法却刚好相反，在公路的绿化等景观上做大量文章，但是忽视了最重要的要求——洁净，最后发现公路依然不够美观。如图2-4-5所示，该公路的绿化、护栏、路面质量等都非常良好，但是路面上到处都是灰尘，依然不能称之为美丽公路。如图2-4-6所示，该公路的路面破损严重、满地尘土，失管失养现象较为严重。

图 2-4-5　路面脏乱的公路一

图 2-4-6　路面脏乱的公路二

此外，农村公路沿线还有一些被交道路支线（或农用路）为未硬化路，遇下雨天，大量的泥土会被行车带到主线路面上，导致主线路面被污染，如图2-4-7所示。这种情况下，应当对主线路面沿线所有支线被交道路进行硬化，一方面从视觉上有了较为整洁的感觉，另一方面也能够防止主线路面被污染，如图2-4-8所示，显得更加干净整洁。

图2-4-7　路口未硬化

图2-4-8　路口硬化

## （二）路面完整方面

除了洁净外，路面另一个最重要的元素就是完整无病害。"畅、安、舒、美"是美丽公路的四要素，其中"畅、安"是基本要素，"舒"和"美"则是公众对美丽公路的两大诉求。"舒"体现为行车舒适，不出现颠簸，无大面积病害，这就要求路面不要出现坑洞、沉陷、裂缝、车辙、拱起等病害；而"美"则体现为上述所讲的路面要始终保持洁净等美化方面。这个道理非常浅显易懂，本书不再赘述。

# 第五节　桥梁与隧道

## 一、桥梁的美化提升

本节不在此探讨新建桥梁的美学问题，这方面内容在其他桥梁美学资料中已有详细的论述，本节探讨农村公路桥梁的美化提

图2-5-1　钢结构护栏通透性好

升。一般农村公路桥梁大多为中小跨径的简支梁桥，可以在保证运营安全的前提下对桥梁适当做一些美化处理。行车过程中，驾乘者能够看到的就是桥面和护栏，所以大部分农村公路桥梁美化提升的内容普遍在护栏上，护栏的美化提升绝大部分做法是将混凝土墙式护栏更改为钢结构护栏或者改变护栏的颜色等。如图2-5-1所示的钢结构护栏具有良好的通透性。

但有很多地方在护栏上面设置木箱来种植花卉，如图2-5-2所示，本书认为这样的做法并不可取。一方面增加了护栏的重量，而且对护栏的外观检查造成麻烦（如会妨碍有些桥检车的检测），此外，花卉的排水流经护栏墙体，还会对护栏造成污染；另一方面，木箱中的土壤体积有限，"不接地气"，储水能力较弱，特别是夏季需要每天浇水保湿，对养护要求非常高，养护费用支出也很高。

图2-5-2　护栏上设置花箱一

各地桥梁护栏上的花卉在种植之初都较为美观的，但是由于管养等各种因素，稍有不慎就会迅速枯萎，容易出现如图2-5-2所示的情况。

此外，还有一些做法，即在桥墩上种植爬墙植物，这种做法也不可取。爬墙植物虽然可以让桥梁结构物更加美观，使桥梁能够很好地融入大自然中，但是其根系扎入到混凝土中，使混凝土表面形成孔洞，容易造成桥梁耐久性病害；更为关键的因素是，桥墩布满爬墙植物，会对桥梁检查造成极大的不便，桥梁下部结构的裂缝都将无法检查。而桥梁工程要求达到"可达、可修、可换、可检"的要求，其中"可检"这一项不满足，将影响桥梁的运营安全。

因此，农村公路桥梁尽量不要做过多的美化处理，如果确实有美化的需求，建议可以采用一些釉面、仿瓷等材料对护栏进行涂装，一方面有利于提升护栏的防腐能力和耐脏能力，另一方面采取一些特定的色彩也有利于提升美观，如图 2-5-3、2-5-4 所示。

图 2-5-3　护栏美化一

**图 2-5-4　护栏美化二**

## 二、隧道的美化提升

农村公路隧道数量并不多，同农村公路桥梁美化理念一样，本书认为没有必要对农村公路隧道进行过度的装饰，关键要素首先是运营安全，其次才是美观，常见的做法就是隧道洞门和隧道内壁的美化。

### （一）隧道衬砌美化提升

由于隧道内光线普遍较为昏暗，容易导致交通事故发生，因此，对隧道壁进行过度装饰反而容易干扰驾驶员的视线，如图2-5-5、2-5-6 所示，过度装饰对公路安全有一定的影响。同时，隧道内由于灰尘容易积累、湿度较大，隧道衬砌容易漏水，清扫不方便等原因，将大大缩短装饰的使用寿命。

图 2-5-5　隧道内的装饰一

图 2-5-6　隧道内的装饰二

　　如果一定有装饰的需求，如图 2-5-7 所示，建议对隧道内壁涂刷耐久材料，模拟天空场景，或者如图 2-5-8 所示，在洞顶安装环状彩虹反光条，这些做法对隧道内的行车安全都有一定的帮助，而且让驾乘者产生舒畅、愉悦的心理。

图 2-5-7　隧道内的装饰三

图 2-5-8　隧道内的装饰四

## （二）隧道洞门美化提升

隧道洞门可以根据当地的文化特色等进行一些装饰美化，如图 2-5-9、2-5-10 所示。这个做法在全国各地都有很多实例，本书不再赘述。

图 2-5-9 隧道洞门装饰一

图 2-5-10 隧道洞门装饰二

本节小结：农村公路桥梁和隧道占农村公路比例较小，美化提升的需求相对较少，建设者无需过度关注，而更应该将桥梁、隧道的运营安全作为基本要素来重视。

# 第六节 绿化

本书将绿化归为主体工程一章，因为讲美丽公路肯定离不开绿化，但很多地方建设者却把美丽公路等同于绿化，认为公路美化就是种植绿化，这种认知是错误的。本节主要讲绿化在美丽农村公路建设过程中的建设形态，具体的绿化内容在前几章已经涉及。本书认为，公路美化提升的首要工作不是建设，而是整治，以"整"为主，以"整"代"建"，全线整治好了，再做一些提升的工作，才是正确的方法。

本书的美丽农村公路理念讲究以简为美，绿化种植不讲究高大上，以整齐为主，前文已经讲到，关键是将公路的线形衬托出来，那么绿化的形态到底怎么营造呢？用朴素的语言形容就是：齐和平，让绿化看起来视觉统一、形成漂亮的绿化线形。

美丽农村路的绿化关键要做到"种好树"：就是种好的树，把树种好。这句话是什么意思？公路绿化要更多关注如何种树，而不是那些花花草草，树是永久性"建筑"，是可以长期保存下来的公路财富，而花草不是，要想省钱，种树是关键，种树是最重要的环节。"种好树"，这里有两层意思：一是树种要选好，种树的时候要选择树形好、树形一致的树，也就是选择好苗子，有条件的尽可能选择树径大一点的，这种容易成材；二是种下的树要好好养，确保成活率和成材率，把它种好。

如图 2-6-1 所示，这是浙江湖州长兴的百里香樟大道，用最普通的香樟种了 100 里，就成就了这条著名的美丽公路；而如图 2-6-2 和 2-6-3 所示使用本地最好养活的水杉，打造出独一无二的美丽公路，特别是其林冠线勾勒了美丽的公路线形；如图 2-6-4 所示，公路穿越毛竹林，利用毛竹林作为绿化，简单又不失美观。

图 2-6-1　百里香樟大道

图 2-6-2　公路两侧的水杉一

图 2-6-3　公路两侧的水杉二

图 2-6-4　公路两侧的毛竹

建设者们不要认为名贵树木或者彩色树种就是最美的，很多农村群众喜欢银杏，认为银杏大道是非常漂亮的景观，幻想着自己的银杏大道应该是如图 2-6-5 所示这样的，殊不知，很多地方种下去的银杏如果不能养好，几年之后就会像如图 2-6-6 所示那样，一方面银杏不是很适合在某些地方生长，另外一方面究其原因还是缺乏应有的管养。

图 2-6-5　管养到位的公路

图 2-6-6　未管养到位的公路

如图 2-6-7 所示，这样的绿化对公路景观不但没有任何提升，而且还给人一种"无人打理"的感觉。如图 2-6-8 所示是经过整治之后的，这条公路周边都是成片的果树，路域环境较好，应当采取"引景"的措施，把公路打开，让公路与外面的环境融为一体，既节省了绿化种植的经费，又让公路获得了更好的景观。因此，建设者应将所有行道树移除，并将路肩硬化，采取硬路肩＋沥青路面的公路断面，实现路域环境的融合效果。

图 2-6-7　整治前的公路

图 2-6-8　整治后的公路

如图 2-6-9 所示，雪松、罗汉松等造型树种，价格昂贵、管养复杂，种在农村公路几乎没有意义，甚至很难养活；而如图 2-6-10 所示，某地在公路上种

**图 2-6-9　绿化带种植名贵植物**

植向日葵这种开花时间短需要精细养护的植物，最后都逐渐消亡。因此，尽量不要在农村公路上种植那些"娇生惯养"的植物或者是那些造型奇特的植物，有些地方甚至在公路两侧种植果树，这些都是不可取的，比如果树挂果的时候会引来群众停车采摘，容易引起交通事故，同时瓜果掉到地上受车轮碾压容易污染路面。

**图 2-6-10　绿化带种植向日葵**

美丽公路中的绿化，种什么其实并不重要，关键是把它种好，

种成一条线，形成一道靓丽的绿化线，不要出现黄土朝天、绿化死株缺株、严重荒废的现象。如图 2-6-11 所示，虽然该路为了美化设置了鹅卵石花坛并种植了各类绿化，但是效果依然较差，如果能够将花坛填土培平，并将绿化种满、种齐，效果将大幅改观。如图 2-6-12 所示也是同样情况，公路右侧绿化存在大量缺口，给人的感觉就是缺少打理，不齐不平，公路线形没有营造出来。

图 2-6-11　绿化未管养到位一

图 2-6-12　绿化未管养到位二

再如图 2-6-13 所示，路侧绿化及堆积物杂乱，在经费有限的情况下，可以不做硬化或复杂绿化处理，而要对抛荒的土地进行整平，营造"打理感"，还可以再撒播一些草籽，也是一种不错的方法，关键是要给人以整齐、平整和整洁的感觉，如图 2-6-14 所示就非常合适。

图 2-6-13　路边堆积物存在

图 2-6-14　路边堆积物清理后

还有一些地方喜欢种植一些圆柱体形状的植物（如红叶石楠柱）或者球状植物（图2-6-15、图2-6-16），都会给公路养护带来较大的工作量，特别是在农村，养护力量严重不足，连修剪的工具都缺乏，就会出现失养的情况。

图2-6-15　绿化形成复杂一

图2-6-16　绿化形成复杂二

　　本节小结：本节讲了绿化在美丽农村路建设过程中的相关做法，是基于"全寿命、可持续"的极简公路理念，不推荐大搞绿化。很多地方在美丽公路建设过程中，认为绿化是重中之重的内容，在公路两侧大量征地、租地并堆土来进行绿化，甚至在公路沿线通过种植大量的花卉来点缀，让原本只需要几毛钱一平方的养护成本飙升到几块钱一平方。而本书在调研过程中发现很多农村前些年通过大搞绿化来美化的公路现在都已经严重退化，前些年成片成线种植的景观花卉现在都已经不复存在，上文也多次讲到一些荒废的绿化案例。因此，我们希望读者能够以可持续的眼光、全寿命的成本思维来建设美丽公路，农村路美不美不仅仅取决于它建设时美化提升的效果，更加取决于它后期养护的效果。

# 第三章　交通安全设施及其他

　　本章主要介绍了交通安全设施及其他，主要包括三个方面，标线与标识、护栏以及其他。第一节阐述了公路标线与标识在美丽公路提升中的作用和做法；第二节阐述了护栏在美丽公路提升中的作用和做法；第三节阐述了承载文化的小品景观与美丽公路的结合。

## 第一节　标线与标识

　　标线在前文中已经提到，清晰、醒目、规范的标线是展现公路"四线分明"的线形之一。如图 3-1-1、3-1-2 所示，公路配

图 3-1-1　标线清晰的公路一

上清晰、醒目的标线后，公路就有了轮廓，甚至有了灵魂，标线和路面相映就会显得非常漂亮。

图 3-1-2　标线清晰的公路二

很多地方为了彰显旅游公路特色，特意在公路上采用了彩色标线，这样的设置虽然能够吸引一定的眼球，但是与公路规范不符，本书并不建议这样设置（图 3-1-3）。有些地方在不影响行车安全的前提下，通过在路面上涂刷"四好农村路""美丽公路"等

图 3-1-3　使用彩色标线的公路

字样，也能够体现一定的文化旅游特色（图 3-1-4），与公路规范并无相悖。

图 3-1-4　在公路上喷涂宣传文字

旅游特色的农村公路可以根据旅游的需要设置一些标识，如图 3-1-5、3-1-6 所示，既可以起到指路效果，又能对沿路景观有一定的提升，彰显乡村特色。其他非旅游公路并不需要对公路标识进行专项提升和美化，按照规范要求设置即可。

图 3-1-5　乡村旅游标识一

图 3-1-6　乡村旅游标识二

本节小结：本节讲述了公路标线与标识在美丽公路提升中的作用和做法，关键要抓住清晰、醒目两个关键词。有了标线，公路才有了线形，才能够实现"四线分明"。国家对标线和标识的规范都有明确的要求，我们在美丽公路提升过程中应该在其规定的范围内作合理的选择，而不是去突破规范，否则会带来一定的法律和安全风险。

# 第二节　护栏

农村公路的护栏应按照有关规范和规定设置，但在规范允许范围内，可以选择一些有特色的形式。

如图 3-2-1 所示，左侧未设置护栏，未修剪整齐的植物就显得特别杂乱，右侧设置了护栏，护栏对植物进行了有效的遮挡，起到了一定的"遮丑"作用；而如图 3-2-2 所示，如果两侧设置了护栏，护栏就会遮挡撒播的草花反而会起到"遮美"的作用，所以护栏和植物的搭配需要提前考虑。

图 3-2-1　设置护栏的公路

图 3-2-2　未设置护栏的公路

当公路外有较好的自然景观的时候，应当优选缆索护栏，增加护栏的通透性，可以更好地将公路与环境融为一体，如图 3-2-3 所示。旅游公路也可以选择仿竹防撞护栏（钢内质外包竹子），在美观度上和周边环境更加融合，如图 3-2-4 所示，又添加了一定的旅游氛围。

图 3-2-3　设置缆索护栏的公路

图 3-2-4　设置旅游特色护栏的公路

还有可以通过改变护栏的颜色来与周边环境相适应，如图

3-2-5、3-2-6所示,当地打造了一条四色旅游换线,在滨海段将护栏的颜色涂为蓝色,在山区段将护栏颜色涂为绿色。

图 3-2-5　滨海公路采用蓝色护栏

图 3-2-6　山区公路采用绿色护栏

另外,在没有防护要求的路段,可以采取竹(仿竹)篱笆(图

3-2-7）或者示警桩（图 3-2-8）等形式来模拟护栏，让驾乘者有更好的视觉引导体验，同时也能够营造更好的"四线分明"和"路宅分界""路田分界"的效果。如图 3-2-7 所示，竹篱笆的设置让公路与周边环境（如农村、农舍）有了有效的隔离，能够更好地遮蔽周边杂乱的现象，图中还采用了钢制竹篱笆，避免普通竹篱笆容易腐烂的情况。

图 3-2-7 采取篱笆来实现路宅分界

图 3-2-8 采用示警桩来实现路田分界

本节小结：本节讲述了护栏在美丽公路提升中的作用和做法。在美丽公路建设中，会有一定的选择空间，不要一成不变的去选择钢制护栏的形式，护栏也不是设置得越多越好（一般国省道大于 2.5 米、农村公路大于 4 米才增设），要根据实地需要应设尽设。

## 第三节　其他

这一节将讲述美丽公路与文化标识的结合。在公路沿线适当布设一些小品景观等，将公路与周边的乡村文化、旅游文化、历史文化等结合，形成独有的公路文化品牌，既起到点缀公路的效果，又能够有效地营造良好的宣传氛围。

沿线小品点缀应遵循不刻意设置的原则，还要起到润物细无声的效果，可以与党建正能量引导、惠民政策宣传、群众参与管养等相结合，以达到党建先锋引领、体现创建实效、提领百姓认识的目的。如图 3-3-1、3-3-2 所示，在农村公路上喷涂一些"四好农村路"方面的标识，可以很好地宣传"四好农村路"建设。

**图 3-3-1　路面喷涂样式一**

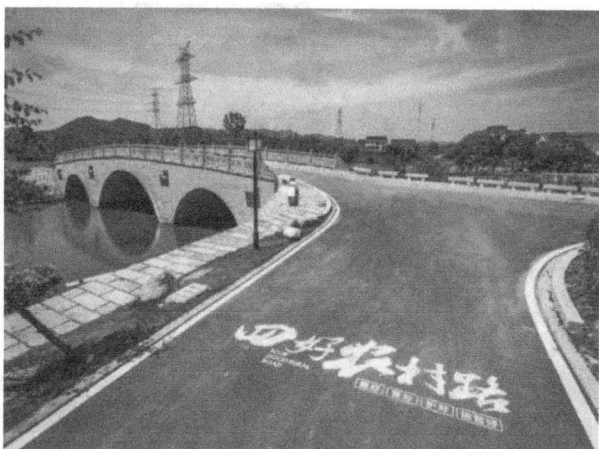

**图 3-3-2　路面喷涂样式二**

　　如图 3-3-3、3-3-4 所示，通过在路侧设置党建文化墙，将公路与党建文化相结合，通过党员带头开展公路养护等先进事迹宣传，将公路文化做深做实，做出品牌。

**图 3-3-3　路边设置小品一**

图 3-3-4　路边设置小品二

如图 3-3-5、3-3-6 所示，通过在路侧设置"四好农村路"＋各类元素起到了宣传作用，如图 3-3-5 所示公路是当地一位企业家捐赠资金建设的，当地为了表示感谢和宣传其事迹，通过树立四好牌的形式，予以表彰；如图 3-3-6 所示则是"四好农村路"＋巾帼，表示该公路为当地妇联组织认领认养。

图 3-3-5　路边设置小品三

图 3-3-6　路边设置小品四

　　如图 3-3-7、3-3-8 所示，则是通过树立各种特色的村名牌的形式，体现出不一样的乡村味道。

图 3-3-7　路边设置小品五

图 3-3-8　路边设置小品六

如图 3-3-9、3-3-10 所示，则是公路与当地乡村渔民文化或农耕文化相结合，设置各类特色小品景观，体现出浓厚的乡村气息。

图 3-3-9　路边设置小品七

图 3-3-10 路边设置小品八

如图 3-3-11、3-3-12 所示，则是公路与美丽庭院、美丽公路等项目结合，通过设置景观或文化墙等形式，宣传相关工作，并对公路起到了一定的点缀美化作用。

图 3-3-11 路边设置小品九

图 3-3-12 路边设置小品十

如图 3-3-13、3-3-14 所示，则是在公路两侧布设旅游标识、旅游指示牌等形式，大力宣传旅游公路和沿线旅游资源。

图 3-3-13 路边设置小品十一

图 3-3-14　路边设置小品十二

如图 3-3-15 所示，利用公路边的废弃拌合楼，将其改造成为公路文化展示馆和公路历史博物馆，该服务站成为当地的网红景观，后文服务站一节会详述。如图 3-3-16 所示，则是利用公路边的挡墙，通过设置标语的形式，让其变成美丽的公路景观。

图 3-3-15　路边设置小品十三

图 3-3-16　路边设置小品十四

如图 3-3-17 所示，通过对公路边农房墙体进行彩绘的形式，营造美丽的路域环境，这种做法目前在很多农村得到推广应用。如图 3-3-18 所示，也有较多村在村口路边处设置具有较高辨识度的标志性景观，来获得良好的公路路域景观。

图 3-3-17　公路边农房彩绘

图 3-3-18 村口标志性景观的设置

本节小结：本节主要通过案例的形式讲述了公路与文化相结合的内容，这样的做法可以丰富公路的内涵，并有效点缀公路景观。但在此有一个建议，这些标志性景观和小品的设置，要尽可能使用寿命较长的材质如防腐木、锈铁板、玻璃、石材或特殊的塑料，避免使用易腐烂的木头、劣质塑料、竹子等。

# 第四章 服务设施

本章主要介绍了服务设施，包括两个方面。第一节为公交站亭，阐述了公交站亭在美丽公路建设过程中的作用；第二节为公路服务站，阐述了公路服务站的选址、景观、服务、管理和文化。

## 第一节 公交站亭

公交站亭是公路文明的窗口，是公路与群众联系的一个重要途径，也要在一定程度上体现美，体现当地的文化特色。

如图4-1-1、4-1-2所示，农村公路的公交站亭能够体现出浓郁的乡村特色，让等待公交的乘客心情愉悦，同时也是沿线的一道靓丽风景线。

图4-1-1 具有乡村特色的公交站亭一

图 4-1-2　具有乡村特色的公交站亭二

如图 4-1-3、4-1-4 所示，公交站亭破败不堪，脏乱差现象严重，对整条公路的形象也会造成严重的影响。

图 4-1-3　失管的公交站亭一

**图 4-1-4　失管的公交站亭二**

本节小结：本节讲述了公交站亭在美丽公路建设过程中的作用，公交站亭是公路体现现代文明的一扇窗口，也是美丽公路的一部分，不应该存在破败不堪的现象，空置的玻璃窗应当作为宣传"四好农村路"、交通建设、惠民政策等方面的阵地。

## 第二节　公路服务站

本书所述的公路服务站与其他标准、文件、文本上所述的公路服务区、观景台、驿站、停车区等类同，由于国内并没有对此类建筑进行详细分类和定义，本书暂且统一用公路服务站来表示。

公路服务站是美丽公路建设过程中的一个重要组成部分，它对公路起到了两个关键性作用：点睛和添景。点睛是因为公路服务站在旅游公路设计中通常作为重要的节点来打造，其具备的景观、服务、文化等要素非常之重要，通常具有较强的观赏性，其作为公路的一部分为美丽公路提供了更多的内涵；添景则是因为大部分公路服务站都具备登高、望远、休憩等功能，为美丽公路提供了更多的外延景观，成为公路与环境较好的结合点。因此，基于这两项特点，公路服务站在美丽公路建设过程中应当给予更高的重视，不仅仅要选好址、建设好、建得漂亮，更要长期管养好、运营好，给沿途过往的群众和游客提供良好的出行体验和服务。

## 一、公路服务站的选址

服务站选址应根据"因地制宜、充分利用、近而不进、利于管理"的原则，"近而不进"即离乡村近，这样能够利于养护，又能够辐射乡村、服务乡村；但又不宜进村，不进村才能便于交通。通过建设服务站，既能以其得天独厚的地理优势对周边村庄、环境起到添景的作用，又能充分利用废弃地、边角地盘活土地资源，还能借力用力，整合农村资源。

公路服务站的选址可以结合新建工程选址，可以结合美丽乡村建设、小城镇整治等工程选址，也可以结合周边废弃地等土地利用选址，还可以结合沿线公路站等设施选址。如图 4-2-1 所示，

图 4-2-1　利用废弃地的服务站

该服务站利用村口废弃地选址，将土地利用和公路服务功能完美结合；如图 4-2-2 所示，充分利用既有公路管理站选址，以及对现有公路站、治超站进行改造，拓展服务站功能。

图 4-2-2　利用原有公路站的服务站

## 二、公路服务站的景观

大多数公路服务站具有一定的观景和景观属性，因此要根据这两个属性，并结合周边环境进行专项设计，服务站外观设计得漂亮也是一种风景，对沿线景观起到点睛的作用；还可以通过登高或者远眺的形式，延伸观景的功能，让服务站获得更多的视野，也能起到添景的作用。如图 4-2-3 所示，该服务站建于乐清湾西岸，有着非常漂亮的外观设计，迅速成为当地的网红打卡地；如图 4-2-4 所示，其是某地在公路边建设的以登高观景为主题的服务站（也可以叫观景台），迅速扩大了该服务站的可视范围，也具有较高的参照价值，还成了当地的网红打卡地。

图 4-2-3　具有较高观景价值的服务站

图 4-2-4　具有挑高式观景效果的服务站

## 三、公路服务站的服务

公路服务站的服务功能是其最重要的一项功能，建设者应根据其功能定位需求，并结合当地实际，可提供周边地区旅游导览图、本地特产导购、城市广告宣传、国家政策（如党建、普法、廉政）宣贯等特色服务，有条件的还可提供免费书屋、WiFi 连接、应急医药包、手机（自行车、汽车）充电、车载打气泵等人性化物品设备。如图 4-2-5 所示将公路服务站与游客中心相结合，提供了丰富的旅游、导购等元素；如图 4-2-6 所示将公路服务站打造成为驴友的露营基地，提供了很好的旅游休闲服务。

**图 4-2-5 具有旅游服务功能的服务站**

**图 4-2-6 服务站打造成为露营基地**

## 四、公路服务站的管理

服务站只有管得好，才能持久运营，才能让停经的行车和行人感到舒适。建设者应该根据实际情况探索各类经营模式，除自建自管外，可以通过"无偿、让利、合作、经营"等方式，用活用好服务站的优势功能，起到"以站养站"的作用。如图4-2-7所示，将公路服务站租赁给旅行社，通过旅行社打造成集旅游、运输、创客、研学为一体的多功能服务站；如图4-2-8所示，将公路服务站免费给婚庆公司使用，利用其摄影需求，打造一个极具观赏性的服务站。

图4-2-7　采取让利经营模式的服务站

图4-2-8　采取免费租借形式的服务站

## 五、公路服务站的文化

公路服务站是公路文化展示的窗口，各地可以结合本地历史人文、传统文化，将公路服务站作为窗口的重要宣传阵地，充分展示本地特色。同时可通过微型展览馆、图片展板、宣传画册等形式在公路服务站中搭建公路文化展示平台，展示内容可以是公路路容路貌历史变迁、桥梁隧道图片展览、造桥铺路技术（机械工具）迭代更新、公路养护四新技术展示、最美行业行风路德文化宣传等。如图 4-2-9 所示，将廉政、普法等元素引入公路服务站。

图 4-2-9　普法服务站

# 第五章 美丽农村路建设实例

本章主要介绍了美丽农村路建设示例，第一节介绍了荣获交通部首批十大最美农村路的台州市天台县寒山和合环线，第二节介绍了荣获浙江省首批十大最美农村路、中国公路学会 2020 年最美乡村路和全国首批交旅融合典型案例的台州市仙居县环神仙居旅游环线。

## 第一节 台州市天台县寒山和合环线

——交通部首批十大最美农村路

### 一、线路概况

天台县寒山和合环线位于台州天台西部，是天台县"四好农村路"重点打造的精品环线，沿线经过始丰街道、平桥镇、街头镇、龙溪乡等四个乡镇街道，串联起张家桐村、后岸村、寒岩村、张思村、茅垟村等众多精品农家乐、民宿村，也是进入寒岩、明岩风景区的主要道路，带动了沿线美丽经济和旅游事业的发展。环线全长 69.702 公里，公路等级分段为四级、三级、二级，路基宽度为 6.5—24.5 米，路面宽度为 6—21 米，线形顺直，行车舒适。

近年来，天台县深入贯彻落实习近平总书记关于"四好农村路"的指示精神，高品质建成了台州市天台县寒山和合环线，助力乡村振兴，造福广大群众。天台成为继安吉后第二个举办全省

"四好农村路"工作现场会的县，并分别获评全国"四好农村路"示范县、浙江省"万里美丽经济交通走廊"示范县，寒山和合环线荣获交通运输部首批十大美丽农村路的称号。

## 二、主要做法

### （一）创新理念，突出品牌

精心打造，以"省钱建美丽公路，用心比用钱更重要"为核心理念，以"洁齐平绿"为主基调，绿化简单自然，全线以简为美尽显自然，以路引境融路于境，水光山色相得益彰。简单的手法，省钱的理念，用心打造和合之路，以提升改造、利用整治为主基调，保证了沿线无过多装饰、无过度美化、借景造景。公路周围的乡野、农村、山水、林田皆是本土本色，融合历史、融合人文。行在路上，山、水、瓦房、水车尽收眼底，还原了乡村的自然美、生态美。

### （二）打造精品，彰显特色

天台寒山和合环线是通往和合二圣寒山子修行隐居地的一条景观公路，也是高质量打造的"四好农村路"精品示范路。依托沿线人文景观、自然景观、绿化景观、特色美丽乡村建设、特色产业，立足区域优势，充分挖掘当地美丽资源，坚持一张蓝图绘到底，一以贯之推进农村交通发展，投资1亿多元对寒山和合环线进行提升改造。全力构建最美农村路建设，特别注重路面改造提升的质量控制、关键节点（废弃地、边角地）的利用提升、路域环境优化整治、安保设施完善、养护管理标准化、突出乡土气息，体现出省钱、养眼、整洁、可持续的理念。公路等级达到四级公路以上技术标准，符合公路建设标准规范，路面养护和路段通行状况良好，运维能力好，工程优。在通行服务、旅游资源连接、经济等方面具有特色和创新，具有典型代表性。路域环境整洁，达到了四季常绿、三季有色、一季一品的视觉效果，生态环境优良，大大提升公路"颜值"，走出了一条有特色、可复制、可持续、可推广的"四好农村路"新路子，车辆穿行其中，宛如"车在景中行，人在画中游"，"四好农村路"越建越美，成为全力打造交通强国建设的金名片。

### （三）设施完善，功能齐全

标志、标线、护栏、视线诱导等交通安全设施规范；公交停靠站造型统一、设置合理；停车休息点和服务站等服务设施完善。尤其是寒岩综合服务站，集旅游客运中转、物流中转、游客休闲、学生研学、公路养护、农产品售卖于一体，服务功能齐全，既方便过往游客，也方便当地群众，受到一致好评。该服务站充分发挥了经营和管理的双重优势，是台州"以站养站"的典型案例。绿道设置合理，寒山和合环线结合周边旅游资源增设绿道，丰富了公路内涵和旅游体验。

### （四）服务乡村，振兴旅游

天台县寒山和合环线融入唐诗文化、和合文化、佛道文化，促进了乡风文脉延续，带动了乡村旅游经济发展，引爆了农家乐、乡村民宿、文化体验、休闲观光等美丽经济，推动了农业增收、农民致富。如今后岸村有 100 多家民宿，全村 80% 的村民吃上了旅游饭，不断增强了沿线群众的获得感、幸福感。同时每年天台山美丽乡村马拉松赛事在天台县寒山和合环线开跑，来自全球各地的马拉松爱好者们穿越天台这条最美农村路花海和美丽乡村，领跑最高颜值马拉松赛道环线，分享公路沿线的美丽风光和建设成果，好评如潮。

附图 1　台州天台县寒山和合环线

续图　附图 1　台州天台县寒山和合环线

续图　附图 1　台州天台县寒山和合环线

# 第二节　台州市仙居县环神仙居旅游环线

——浙江省首批十大最美农村路

——中国公路学会 2020 年最美乡村路

——全国首批交旅融合典型案例

## 一、线路概况

环神仙居旅游公路是仙居县"四好农村路"建设中重点打造的一条精品线，起于仙居县田市镇，穿越田市镇、白塔镇、淡竹乡 3 个省级美丽乡村示范乡镇，途经 20 余个行政村，串联仙居几大经典风景名胜区，串起沿线众多精品农家乐、民宿村，带动美丽经济蓬勃发展。仙居县以神仙居景区（5A）为核心，串联景星岩风景区（4A）、神仙氧吧小镇（4A）、公盂岩景区、淡竹原始森林等仙居经典风景名胜区，高品质建成了环神仙居旅游公路。为仙居成功创建国家全域旅游示范区、浙江省美丽乡村示范县、浙江省"四好农村路"示范县提供了强大的基础保障。环神仙居旅游环线荣获中国公路学会 2020 年最美乡村路和浙江省首批十大最美农村路的称号。

环神仙居旅游环线总里程 39.4 公里，全线为沥青路面，公路等级为二级、三级、四级，路基宽度为 7—12 米，路面宽度 6—11 米，平纵线形、道路线形顺直；沥青砼路面平整洁净，无明显病害，行车舒适；无四、五类桥梁，排水沟已硬化，排水顺畅，安全设施规范齐全。

## 二、主要做法

### （一）公路沿线路域环境整洁美观

大力推行美丽公路"四大行动"（路面洁净行动、路口接线行动、路边堆积物清理行动、绿化精细化管护行动），公路沿线宜绿则绿，确保四季常青、三季有色；硬化村庄接线路口，减少土路泥尘带入主路，改善路口面貌；配备机械全天候全路段进行保洁，保持路面洁净；加强整治力度，集中整治路肩乱堆乱放、乱晒农作物等现象。公路全线实现路宅分家、路田分家，乡土景观、生态环境、文物古迹保护较好。

全线坚持资源充分利用、美观与实用结合、重视资源保护与管理、尊重自然和历史等原则，以路为媒，打通通景公路"最后一公里"，完善"快进慢游"的旅游交通体系，加强交通"主动脉"和景区间往来"毛细管"的建设，提升景区与景区、景区与城区之间的交通通达能力。

环神仙居旅游公路结合景区自然风光和自然地形，做到简而不陋、旧而不破、野而不荒。公路美化遵循"以简为美"的思路，沿线能借景、不造景，能利用、不新建，能整治、不拆除，做到嘉者收之、俗者屏之、乱者统之，让公路与环境协调发展。

### （二）公路管理养护体系科学规范

相关部门制订出台《仙居县人民政府办公室关于进一步完善农村公路"路长制"工作的通知》以及《仙居县人民政府办公室关于深化农村公路管理养护体制改革的实施意见》，按照"统一领导、分级管理"原则，设立机构，落实人员，建立健全农村公路养护管理长效机制，保证养护台帐、图表、记录资料齐全。以"五网合一"智慧路长平台推进路长制建设，实施网络化管理，以"四好在线"交通智慧大脑驾驶舱为牵引,实施数字化管理,农村公路管养成效明显,公路技术状况评定结果良好,无违章建筑、非公路标志、道口搭接、跨越和穿越公路设施等设置规范。

### (三)公路沿线附属设施安全齐全

全线共有 6 个公路驿站,50 个港湾式停靠站和 20 个农村物流网点,为沿线村民及过往司乘带来了诸多便利。公路开通运营后,长期保持路面无破损,安保设施齐全,质量安全基础牢固;两侧绿化以乡土树种为主,保持了原生态路域环境,具有良好的绿色发展意识。

全线公路全面实施和完善安全防护设施,设置柱式反光轮廓标,在部分路段设置蓄能自发光凸起路标,确保路人和驾驶员夜间出行安全,并针对旅游公路的特点设置了缆索护栏和钢背式新型旅游护栏。公路多处通过"裁弯取直"的方式,开阔路面,增加视距,减少了事故的发生率,真正为群众出行系上了"保险绳""安全带"。该公路列入交通运输部公路安全生命防护示范工程。

### (四)服务体验优质高效

按照"道路即景观、乘客即游客、出行即旅行"的理念,在环神仙居旅游公路全线推广"出行即服务"模式,促进交通产品完善和服务升级,实现传统旅游公路向公路旅游转变,融合服务乡村、服务旅游的功能,侧重打造舒适便捷、周到完备的配套服务设施,逐步整合服务区、客运、自驾游营地等联通功能,着力提高公路沿线景观的观赏体验、便捷服务体验和安全贴心体验。

### (五)带动沿线乡村发展

公路带动了沿线美丽经济发展,同时也助推了神仙居景区的发展。2021 年神仙居景区全年实现游客人次 142.1 万,营业收入

2.62 亿元，同比分别增长 126.4%、247.6%。X730 通车后淡竹沿线民宿达 300 余家，床位近 1.2 万张，同比增长 48%。进入沿线旅游景区的车辆日均 8000 余辆，日均游客 2 万余人，是通车前的两倍，沿线村民平均年收入增加近两万元。全业融合丰富了旅游产品的供给。

附图 2　台州仙居县环神仙居旅游环线

续图　附图 2　台州仙居县环神仙居旅游环线

续图　附图2　台州仙居县环神仙居旅游环线

# 后记

　　自 2016 年开始，本人从事"四好农村路"和美丽公路的建设工作，至今，收集整理了大量工作中的资料，结合本人的一些见解整理成书。本书在编写过程中，得到台州学院邵国涛团队的大力支持，对本书进行了全面核稿；同时得到了交通运输部科学研究院孔亚平团队、交通运输部公路科学研究院李冰团队、交通运输部规划院杨星团队、浙江省公路与运输管理中心农村处顾凯锋、台州市公路运输管理中心周胤、应伟、胡川林、张震、何明磊等的支持，同时也得到了台州交通系统及各县（市、区）同行的支持，他们为本书的撰写特别是实践案例部分提供了有力帮助，在此表示衷心的感谢。

作者

2024 年 1 月 22 日

# 参考文献

[1] 杜燕.走平坦路 – 农村道路建设 [M].北京：中国计划出版社，2007.

[2] 交通旅游导报社.惠民康庄路 浙江新农村公路精彩故事集 [M].北京：新华出版社，2008.

[3] 孔亚平.美丽农村路建设指南 [M].北京：人民交通出版社，2022.

[4] 韩冰，胡娟娟.四好农村路案例集 [M].北京：人民交通出版社，2022.

[5] 弋晓明，王聪，王松根."四好农村路"管理与技术 [M].北京：人民交通出版社，2018.

[6] 交通运输部政策研究室."四好农村路"理论与实践 [M].北京：人民交通出版社，2018.

[7] 陆绍鑫.城市道路改造及农村路建设实例分析 [M].北京：人民交通出版社，2015.

[8] 刘慧，高永红.农村公路养护与管理 [M].天津：天津科学技术出版社，2020.

[9] 中共安吉县委，安吉县人民政府."四好农村路"全国示范县实践丛书"四好农村路"之安吉实践 [M].北京：人民交通出版社，2018.

[10] 本社."四好农村路"建设政策文件汇编 [M].北京：人民交通出版社，2018.

[11] 孙国超，陈建业，闫长平，等.农村公路与乡村旅游一体化开发现状、模式及发展建议[J].交通运输研究，2023，9（06）：1-11.

[12] 孙晓东，刘真伯.美丽乡村建设中农村公路景观提升对策——以天津市为例[J].综合运输，2024，46（01）：165-169.

[13] 朱学坤，彭婷婷，朱铭，等.乡村振兴背景下促进提升新发展阶段农村基础设施建设[J].中国农业资源与区划，2023，44（12）：154+164.

[14] 本刊编辑部.坚持为民宗旨 服务交通强国[J].中国公路，2023，（22）：38.

[15] 本刊编辑部.推动"四好农村路"高质量发展法律法规政策一览[J].中国公路，2023，（22）：40-41.

[16] 本刊编辑部."四好农村路"共同富裕路[J].中国公路，2023，（22）：3.

[17] 闫馨，张晓征，范文涛.我国农村公路发展历程及展望[J].中国公路，2023，（22）：30-35.

[18] 李良.四川省四好农村路建设的理论和实践研究[J].四川建材，2023，49（09）：189-190+199.

[19] 刘力维.黔程似景 出山有道——贵州最美农村路赋能乡村振兴[J].当代贵州，2023，（44）：38-39.

[20] 张倩.乡村振兴背景下荆州农村公路景观设计[J].农业与技术，2023，43（19）：129-132.

[21] 刘疆.内江市市中区农村公路管理养护问题与对策研究[D].成都：四川大学，2022.

[22] 王晶.基于云模型的土右旗四好农村路综合评价研究[D].包头：内蒙古科技大学，2021.

[23] 严磊.乡村振兴背景下湛江市农村公路建设管理问题研究
     [D].湛江：广东海洋大学，2021.

[24] 任轶群.扬州市农村公路管养问题及对策研究[D].扬州：扬
     州大学，2021.

[25] 金纤纤.基层政府农村公路管理问题研究[D].长沙：湖南农
     业大学，2021.

[26] 金文斌.浙江临海"四好农村路"管理现状及对策[D].南昌：
     江西农业大学，2021.

[27] 王秋霖.庄河市"四好农村路"建养管运存在问题及对策研
     究[D].大连：大连理工大学，2020.

[28] 林华燕.泉州台商投资区农村公路养护管理研究[D].泉州：
     华侨大学，2020.

[29] 朱雨晴.四好农村路发展水平评价指标及模型研究[D].西
     安：长安大学，2019.

[30] 吴楼."四好农村路"规划研究[D].杭州：浙江大学，2019.